PLESSY-ARNOULD

Caron, del. et sculp.

Imp. de Mangeon, 69, r. St Jacq. Paris

PLESSY-ARNOULD

LES CONTEMPORAINS

PLESSY - ARNOULD

PAR

EUGÈNE DE MIRÉCOURT

PARIS — 1858

CHEZ L'AUTEUR

48, rue des Marais Saint-Martin

Et chez tous les Libraires de France
et de l'Étranger

L'auteur se réserve le droit de traduction
et de reproduction à l'étranger.

PLESSY-ARNOULD.

———

Née à Metz, dans le courant du mois de septembre 1819, l'actrice célèbre dont nous allons raconter l'histoire reçut au baptême les noms de Jeanne-Sylvanie.

Sylvanie vient de *Sylva*.

C'est un nom charmant qui fait penser aux forêts mystérieuses, aux vertes pelouses, à la poétique et tendre solitude des bois.

Le père de notre héroïne avait été dans les ordres avant la révolution de 89. Il ne crut pas devoir prendre place au nombre des martyrs de la foi chrétienne, et s'engagea dans les liens du mariage.

Plus tard, ayant subi des revers de fortune, il se fit comédien et s'en alla de province en province, de chef-lieu en chef-lieu, portant le berceau de sa fille dans ses bagages, en compagnie de Molière et de Régnard.

Donc Sylvanie Plessy vit le jour de la rampe presque en ouvrant les yeux.

Elle fut allaitée entre deux coulisses, et son goût pour la comédie s'éveilla tout naturellement au milieu de la troupe nomade qui la voyait grandir.

On cite des preuves de sa précoce intelligence.

A trois ans, elle balbutiait des hémistiches tragiques et deux ou trois tirades solennelles, ramassées dans les jambes d'Oreste et d'Agamemnon.

Quelques années plus tard, elle récitait La Fontaine sur le bout du doigt avec une gentillesse singulière; mais il est permis de croire qu'elle n'en comprenait pas un mot, absolument comme Charles-Marie de La Condamine, comme l'enfant de Jean-Jac-

Rousseau et comme beaucoup d'autres petits phénomènes, qui deviennent avec le temps des crétins accomplis.

Grâces enfantines et mémoire de perruche ne sont pas des symptômes infaillibles de talent; toutefois, il est juste de faire mention de ces avantages quand ils ont tenu ce qu'ils promettaient:

Sylvanie, à huit ans, savait le *Misanthrope* tout entier par cœur.

On l'amena bientôt à Paris, et la rigidité de la loi fondamentale du Conservatoire s'adoucit pour elle. Cette loi, chacun le sait, n'admet que des élèves de quinze ans révolus, et Sylvanie n'en avait que dix à peine.

C'était en 1829.

Le ministre fit taire la loi par une sorte de coup d'Etat.

Notre jeune élève eut pour professeurs au Conservatoire Michelot et Samson.

Vraiment, on peut dire de ce dernier qu'il a la main heureuse, car c'est lui qui a formé Doze, Rachel, Magdeleine Brohan, Fix et tant d'autres. Il aurait une armée, s'il rangeait ses élèves en bataille.

Samson a des enfants partout.

Pendant les cinq années que durèrent les études de Sylvanie, elle allait, chaque soir,

dans le monde, dans les cercles, et se faisait déjà une très-jolie renommée de salon.

Vers 1834, on put la voir en exercice
sur le petit théâtre de société de la rue de
Lancry, dirigé par Saint-Aulaire, de la Comédie-Française, un original comme on
n'en voit plus.

Saint-Aulaire avait créé là une sorte d'hô-
tellerie dramatique, une halte à l'usage des
jeunes voyageurs en route pour la rue Richelieu.

Le brave homme avait une méthode
étrange.

« Douze ou quinze adultes des deux
sexes, rangés au foyer, dit Jouslin de la

Salle, attendaient que le professeur indiquât les ouvrages qui devaient être représentés le dimanche suivant [1]: Tragédie, drame ou comédie, les rôles étaient tirés au sort; chaque élève devant tour à tour vagabonder dans tous les emplois, jeunes premiers ou jeunes premières, pères nobles ou duègnes, princes ou princesses, valets ou soubrettes, de telle sorte qu'il pût s'exercer indistinctement à la représentation des rôles de femmes ou des rôles d'hommes.

« Cette idée bouffonne fit qu'un jour Agamemnon échut à une ingénuc de douze ans, tandis qu'Iphigénie devait être représentée par un grand blondin, qui, deux ans

1. Les dimanches étaient consacrés aux représentations.

après, débutait dans les niais au théâtre de
la Gaîté.

« La pièce, ainsi travestie, fut représentée aux applaudissements de tous les pa-
rents et amis du voisinage.

« Quant au professeur, jamais d'avis qui
pût suppléer à ce que l'instruction première
avait oublié ; jamais de conseil, pas un mot
enfin qui indiquât aux élèves ce qu'ils
avaient à faire. Seulement, à la suite de ce
tohu-bohu de rôles, le professeur cherchait
à distinguer l'emploi qui pouvait le mieux
convenir à l'élève et le lui faisait prendre.
Dès ce moment, l'écolier marchait hardi-
ment, mais à la clarté seule de son étoile[1]. »

1. *Souvenirs dramatiques.*

Jouslin de la Salle, auquel nous venons
d'emprunter ces quelques lignes, était
alors directeur de la Comédie-Française.

Attiré par le bruit qui se faisait autour
de la jeune actrice, il se rendit chez Saint-
Aulaire afin de juger par lui-même si les
éloges accordés à cette petite merveille n'é-
taient pas empreints de quelque exagéra-
tion.

Précisément elle jouait, ce soir-là, *Mé-
lanie*, drame on ne peut plus larmoyant
de La Harpe.

Mademoiselle Plessy se tira de son rôle
avec honneur.

Elle émut et passionna son auditoire, y

compris M. Jouslin de la Salle, qui, au
sortir du théâtre de la rue de Lancry, n'eut
rien de plus pressé que de se livrer à la
rédaction d'un rapport enthousiaste, adressé
à M. Thiers, ministre de l'intérieur.

Il résulta de ce rapport que la jeune comédienne fut admise à toucher l'indemnité mensuelle accordée au talent naissant.

Le 4 mars 1834, mademoiselle Plessy
débuta aux Français par le rôle d'Emma,
dans la *Fille d'honneur*.

Sa beauté, l'aisance minaudière de son
jeu, son extrême jeunesse et sa fraîcheur
satisfirent les plus exigeants.

Un frisson général de surprise et de plai-

sir parcourut les galeries et le parterre. On
crut avoir enfin trouvé ce qu'on cherchait
depuis si longtemps; une jeune et belle
personne à qui l'on pouvait confier une
partie des rôles de mademoiselle Mars, —
Emma, — Charlotte, — Betty, etc., — répertoire charmant, dont le public était
sevré, car la grande actrice, en butte aux
injures de l'âge, abandonnait forcément
ses créations les plus glorieuses.

La jeune débutante était au septième
ciel.

On la voyait courir, la folle enfant, de sa
loge au théâtre et du théâtre à sa loge.

Elle allait et venait, parlant, chantant,
questionnant, remerciant, voulant embras-

ser tout le monde, même le machiniste, qu'elle appelait *son cher machiniste*, et qui releva courtoisement le rideau, quand toutes les voix de la salle se réunirent pour redemander la débutante.

Sylvanie reparut.

Une tempête de trépignements et de bravos s'éleva.

Le vieux Théâtre-Français trembla sur sa large base; les colonnes menacèrent de s'écrouler et le lustre de s'éteindre.

Généreuse et bonne jusqu'au sublime, mademoiselle Mars s'était faite la conseillère de sa jeune camarade.

Portée aux nues par des admirations qui lui promettaient un peu étourdiment les destinées de la grande Célimène, Jeanne-Sylvanie créa presque aussitôt un rôle dans la *Passion secrète* de M. Scribe.

Cet intrépide chasseur dramatique, toujours à l'affût de la curiosité du moment, écrivit ensuite pour elle, coup sur coup, le *Verre d'eau* et *Une Chaîne*.

D'aussi brillants débuts posèrent notre héroïne, et la Russie ne tarda pas à lui envoyer des offres sonnantes.

Nicolas voulait absolument cette perle de théâtre.

On faisait à Jeanne-Sylvanie un pont

d'or jusqu'à Saint-Pétersbourg. Il y avait assurance positive d'une pension de retraite au bout de dix ans.

Clause sérieuse.

Mais elle refusa les offres du czar et reçut des comédiens assemblés le titre de sociétaire, dès la fin de l'année 1834.

Elle contracta alors un engagement de vingt ans, qu'elle ratifia plus tard à sa majorité, repoussant une seconde fois les propositions de Sa Majesté l'Empereur de toutes les Russies.

Hélas! c'était trop beau pour durer toujours!

Dans le nouveau répertoire, la *Camara-*

derie, les *Indépendants*, la *Marquise de Senneterre*, *Valérie*, la *Calomnie*, *Don Juan d'Autriche*, l'*Ecole du monde*, *Mademoiselle de Belle-Isle*, les *Demoiselles de Saint-Cyr* et l'*Héritière*; — dans l'ancien répertoire, le *Bourru bienfaisant*, le *Philosophe sans le savoir* et le *Misanthrope*, sans compter un nombre considérable de créations dans des œuvres moins importantes, achevèrent de mettre en relief le talent de mademoiselle Plessy.

On peut dire qu'elle occupait une des premières places sur la scène par excellence, vraiment elle y jouait les ingénues avec un charme irrésistible.

Toutefois, alors, elle fit une tentative malheureuse dans le *Guerrero*, drame qui fut sifflé à outrance.

L'auteur était M. Legouvé fils, ce galant homme qui a cru devoir, tout récemment, dans une autre pièce intitulée le *Pamphlet*, servir d'écho aux rancunes vieillottes et décrépites de l'Orléanisme et de l'Académie.

Sans nous connaître, sans nous avoir jamais vu, et probablement sans nous avoir jamais lu, il a essayé de nous défigurer en plein théâtre, comme autrefois Aristophane a essayé de défigurer Socrate.

Que cette noble action lui reste sur la conscience!

Madame Ancelot écrivit pour mademoiselle Plessy le *Mariage raisonnable*.

Notre héroïne était chargée du principal rôle.

Elle y fut charmante, principalement dans la scène où lady Nelmour fait briller aux yeux ravis du jeune aide-de-camp les ondes de sa chevelure soyeuse et la finesse de sa taille, qui pouvait tenir aisément entre les dix doigts.

Le drame de *Julie* montra le talent de l'actrice sous un point de vue nouveau.

Jusque-là mignard et gracieux, il se révéla pathétique et touchant.

Il eût été impossible au spectateur le plus froid de ne pas se sentir entraîné par cette scène, où la jeune fille, insultée dans

un bal, venait, en pleurant d'indignation et
de honte, se jeter entre son père et sa mère
qui parlaient de divorce.

Longtemps mademoiselle Plessy fut l'enfant gâtée du parterre.

— Mon Dieu, laissez-la grandir! disait le
public aux Aristarques, lorsque ces derniers
hasardaient une remontrance.

Arrive un temps néanmoins où le parterre demande aux comédiennes d'être
aussi bonnes que belles. Il fallut alors beaucoup rabattre des illusions qu'on avait
nourries sur le compte de l'enfant gâtée.

On trouva qu'elle devenait chaque jour

de plus en plus minaudière; on s'aperçut
qu'elle n'aurait jamais cette admirable
flexibilité d'organe et ce jeu de physiono-
mie qui rendaient mademoiselle Mars aussi
parfaite dans la duchesse de Guise que dans
Célimène.

Ce qui convenait à Jeanne-Sylvanie c'é-
tait la comédie et non le drame.

Il y avait loin de ces destinées à celles
qui lui étaient prédites; mais il lui restait
encore un assez beau lot en partage.

Vous savez que notre héroïne allait beaucoup dans le monde. Une des maisons
qu'elle fréquentait le plus était celle de son
camarade Firmin.

Firmin demeurait rue Thérèse.

Tous les dimanches il se plaisait à réunir dans son étroit appartement une foule d'artistes et de gens de lettres, parmi lesquels se glissaient quelques hommes du monde.

Mademoiselle Plessy était la reine de ces soirées

Sa présence donnait un nouveau charme aux quadrilles et faisait agréablement diversion aux chansonnettes un peu monotones de Plantade et aux ballades par trop échevelées d'Hippolyte Monpou.

Les dimanches de la rue Thérèse étaient de petites fêtes gracieuses, fort amusantes, sans apprêts, sans prétention.

Comme partout on y dansait; comme partout, hélas! le whist y prenait ses coudées franches, et cependant on y retournait plus volontiers que dans les autres réunions. La foule a une préférence marquée pour les endroits où l'on s'entasse, où l'on se presse, où l'on se heurte, — et l'on étouffait littéralement dans le salon de Firmin, surtout quand une quadruple contredanse venait de s'y établir.

Alors c'était un froissement général, un coudoiement sans bornes, un écrasement d'orteils abominable.

Et lorsque le galop (oui, jeunes filles, on galopait alors!) se lançait en furieux par l'unique porte du salon, pour revenir ensuite traverser l'alcôve, métamorphosée en orchestre, quel beau désordre!

Sylvanie était une galopeuse de premier choix.

De temps à autre, Firmin transformait cette alcôve en théâtre.

On y jouait les proverbes de.Cavé.

Le maître de la maison remplissait l'office de moucheur de chandelles, se chargeant en outre de la pose des décors et du soin des annonces. Nous devons dire qu'il s'acquittait de ce triple emploi à la satisfaction générale.

— Messieurs, dit-il un soir, la scène représente une forêt.

Ce disant, il alla clouer au fond de l'alcôve une pancarte sur laquelle étaient écrits ces mots :

« UNE FORÈT, *décoration de M. Cicéri.* »

Le régisseur de ce théâtre plein d'originalité s'y prenait de même sorte pour les costumes, pour les machines et pour les accessoires.

Quant aux changements à vue ils ne l'embarrassaient guère, puisqu'il trouvait vingt-cinq décors dans une main de papier.

Les proverbes de l'ancien directeur des Beaux-Arts avaient donc le magnifique privilége d'être représentés dans l'alcôve de Firmin et d'avoir quelquefois mademoiselle Plessy pour interprète.

Le talent de la jeune comédienne, grâce à des efforts soutenus, parvenait à se débarrasser de plusieurs défauts graves qu'on lui reprochait.

Elle aborda les rôles de Molière.

Grâce à elle, on put jouer quelquefois encore le *Misanthrope* sur la scène française.

Tout à coup, au mois de juillet 1845, un événement inattendu mit en émoi le monde dramatique. On apprit que Célimène venait de quitter furtivement Paris et d'épouser un homme de lettres, M. Auguste Arnould.

Le crime n'était pas dans le mariage, il était dans la fuite et dans la rupture d'engagements solennels, rupture qui allait jeter le théâtre dans une foule d'embarras et de perplexités.

On rapprocha cette fugue de celle de mademoiselle Raucourt, en 1776.

Avec mille écus d'appointements, mademoiselle Raucourt avait trouvé moyen, depuis quatre ans qu'elle était à la Comédie-Française, de faire pour plus de cent mille écus de dettes.

Elle avait dix ou douze chevaux dans ses écuries, deux ou trois petites maisons, une quinzaine de valets et une garde-robe des plus riches.

Ses créanciers ouvrirent enfin les yeux sur le péril auquel les exposait une folle confiance.

Mais il était trop tard.

Les mesures qu'ils essayèrent de prendre pour leur sûreté ne firent que compromettre plus gravement leurs intérêts, en déterminant mademoiselle Raucourt à disparaître.

On sut qu'elle était partie à franc-étrier, sous un uniforme de dragon.

Ce bizarre costume lui permit de se cacher plusieurs jours chez un fermier des environs de Paris, que la fugitive parvint à tromper sur son sexe. Le bonhomme crut le faux dragon victime d'une affaire d'honneur et lui procura les moyens de se rendre à Bruxelles.

La Comédie-Française raya mademoiselle Raucourt du tableau. On mit sous le séquestre les immeubles de l'actrice et le peu de fonds qu'elle possédait chez les notaires.

Mais il y avait une différence capitale entre la fugue de Sylvanie et celle de mademoiselle Raucourt.

Sylvanie ne quittait point le théâtre pour se dérober à des poursuites d'huissier.

Vraiment non.

Sa comptabilité personnelle se trouvait à jour et parfaitement en ordre. L'actif dépassait de beaucoup le passif.

De ses économies, amassées depuis dix ans, elle avait même acheté une fort jolie maison de plaisance, qu'elle donnait à sa mère comme retraite.

Ce fut une circonstance tout à fait étrangère au théâtre qui précipita son départ et amena la rupture de son engagement social : « des douleurs intimes, auxquelles elle crut faire diversion en s'éloignant de Paris. »

Inclinons-nous devant cette explication transmise au tribunal à peu près dans les mêmes termes par son avocat, M. Chaix-d'Est-Ange.

Toutefois, si nous respectons le motif de l'événement, il ne nous est pas interdit d'en raconter les détails.

Le 8 juillet, mademoiselle Plessy écrivit à M. Charles Desnoyers, régisseur du Théâtre-Français, la lettre suivante, datée de Saint-Chéron, près d'Arpajon :

« Mon cher monsieur Desnoyers,

« Je suis très-contrariée, la fièvre me dévore ; je vous enverrai, si vous voulez, un certificat du médecin que j'ai ici, ou attendez, si vous l'aimez mieux, que M. Pouget [1] m'ait vue, il vous dira ce qu'il pense.

1. Médecin attaché à la Comédie-Française.

« Je tremble, je grelotte, et vraiment, quoiqu'on cherche à me le cacher, j'ai grand peur d'une fièvre au cerveau.

« Patience! Pressez, pressez M. Pouget.

« Mille amitiés,

« S. PLESSY. »

P.-S. J'espère conserver toujours assez de forces pour vous donner moi-même de mes nouvelles ; mais sinon, écrivez-moi toujours, ma mère vous répondra.

Le jour même où elle signait cette lettre, mademoiselle Plessy allait à la préfecture de police chercher un passeport pour l'Angleterre.

Or, le hasard voulut que ce fait arrivât à la connaissance de M. le commissaire royal Buloz, personnage plein de finesse, dont les soupçons s'éveillèrent.

Il se permit de ne plus croire à la fièvre.

Certains bruits inquiétants circulaient, d'ailleurs, au théâtre. Mademoiselle Plessy, pendant les congés qu'elle avait obtenus, était allée donner à Londres des représentations extrêmement fructueuses, et là, disait-on, le général Guédéonoff, impresario de Nicolas, avait fait à la charmante actrice des offres presque irrésistibles.

Pourtant Célimène avait résisté.

De méchantes langues en donnaient le

motif. Il paraît que les exigences de la
comédienne dépassaient de beaucoup la
générosité moscovite.

Elle agréait le chiffre de roubles ; mais
elle voulait se réserver tous les ans un
petit congé de six mois, pour revenir à
Londres, où Mitchell lui promettait un
nombre presque équivalent de livres ster-
ling.

Ces prétentions exagérées avaient fait
rompre la négociation.

Mais elle pouvait avoir été reprise.

Voilà du moins ce que pensait le commissaire royal Buloz, de plus en plus
éclairé par sa finesse d'esprit.

Il est vrai qu'on lui affirmait positive-
ment que la coupable Célimène était arrivée à s'entendre avec Guédéonoff et qu'elle
avait signé pour le théâtre de Saint-Pétersbourg un engagement dont les clauses devaient recevoir leur exécution le premier
septembre suivant.

En conséquence, il fit répondre à mademoiselle Plessy par le secrétaire-général
du théâtre.

« Mademoiselle,

« C'est avec un vif regret que M. le
commissaire royal vient d'apprendre votre
indisposition, et il espère que cette indisposition ne sera ni longue ni sérieuse. Vous

pourrez sans doute répéter jeudi *l'École des Vieillards*, et jouer samedi cette pièce comme elle a été portée au répertoire.

« M. le commissaire royal me charge de vous inviter à faire tous vos efforts pour venir reprendre votre service.

« Aucun médecin du théâtre ne peut vous être envoyé à une pareille distance. Ces messieurs ne doivent leurs offices à la Comédie que pour Paris, et vous savez qu'aux termes des règlements aucun artiste ne peut s'éloigner, habiter la campagne, sans une autorisation ministérielle.

« Si les répétitions et la représentation de *l'École des Vieillards* ne pouvaient avoir lieu à cause d'une indisposition qui ne peut être légalement constatée, parce que vous habitez à sept lieues d'ici sans une autorisation officielle, vous entraveriez forcément le service, et vous mettriez M. le commissaire royal dans la nécessité de demander au ministre à votre égard l'application des art. 65, 76 et 79 du décret du 15 octobre 1812.

« M. Buloz vous prie donc très-vivement de venir répéter jeudi *l'École des Vieillards.*

« Agréez, mademoiselle, etc.

« VERTEUIL. »

Or, Célimène, — pourra-t-on le croire, — ne répondit à cette missive pleine de logique et de politesse qu'en franchissant le Pas-de-Calais.

Sa fuite égaya singulièrement la petite presse, et voici ce que nous lisons dans un journal de l'époque :

« La Comédie-Française, voyant que mademoiselle Plessy ne revenait pas, craignit d'avoir le sort de madame de Malborough. Le comité monta à la tour de l'Observatoire *si haut qu'il put monter*. Puis Emmanuel Arago interrogea l'horizon avec un télescope; mais il ne vit venir qu'un page.

« C'était mademoiselle Anaïs, en costume de Chérubin...

« Buloz se mit à chanter :

> Beau page, mon beau page,
> Mironton, tonton, mirontaine,
> Beau page, mon beau page,
> Quell's nouvell's apportez?

« Et mademoiselle Anaïs de répondre sur le même air :

> Aux nouvell's que j'apporte
> Vos *beaux yeux* vont pleurer. »

Une autre feuille satirique raconte en ces termes l'arrivée de M. Auguste Arnould, porteur des propositions de la belle fugitive :

« Un monsieur entre, vers neuf heures

du soir, au Théâtre-Français, à l'instant
où l'édifice est le plus désert et où le mu-
nicipal de faction seul en trouble le silence
du bruit de ses pas.

« Il passe furtivement au milieu des
contrôleurs, immobiles comme les por-
tiers du palais de la *Belle au bois dormant*;
il monte l'escalier à pas de loup et traverse
le foyer, où dorment, aux deux côtés de
la cheminée, deux vieillards qui rêvent
qu'on représente le *Léonidas* de Pichat. Il
longe ensuite le corridor des premières,
sans réveiller les ouvreuses assoupies par
le bruit monotone de la voix des tragé-
diens en scène, résonnant dans la salle
vide comme dans un grand violon.

« Enfin il arrive à la porte de communication qui ferme le passage de la salle au théâtre, et frappe discrètement au petit carreau.

« — Que demandez-vous? dit le Cerbère:

« — Je désire parler à M. Buloz.

« — M. Buloz ne reçoit pas à cette heure-ci.

« — Veuillez lui dire mon nom.

« — Quel nom?

« — M. Arnould-Plessy.

« Le portier, qui connaît son repertoire, manque de tomber à la renverse, croyant avoir affaire à l'ombre du commandeur.

« M. Arnould-Plessy profite du mouve-
ment pour s'introduire et marche droit au
cabinet du commissaire royal. Par hasard
M. Buloz s'y trouve. Il donne à mademoiselle Denain quelques instructions admi-
nistratives.

« — Tiens, M. Arnould ! s'écrie-t-il, en
en voyant paraître le personnage.

« — Arnould-Plessy, depuis notre hy-
men, répond celui-ci avec beaucoup de
sentiment.

« — Je déclare que je ne rendrai pas les
rôles ! s'écrie mademoiselle Denain, qui
tout d'abord semble avoir l'intelligence
parfaite de la situation.

« — Arnould-Plessy ? fait Buloz, hochant
la tête et ne comprenant pas.

« — Sans doute, reprend le monsieur avec une émotion croissante : nous sommes mariés, elle est ma femme.

« — O ciel! comme c'est touchant! s'écrie mademoiselle Denain avec beaucoup trop de scepticisme.

« — Bon! j'y suis, grommèle Buloz. Ah! çà, vous n'êtes donc pas à Londres?

« — J'en reviens, répond Arnould-Plessy.

« — Et vous avez laissé votre femme, dit mademoiselle Denain, voilà qui est galant!

« Arnould-Plessy laisse flotter sur l'interruptrice un regard humide et réplique avec une conviction inexprimable :

« — Elle m'attend ! C'est moi qui viens à sa place.

— Débuter? dit Buloz.

« — Non, vous la rendre. Si vous y consentez, elle, vous et moi nous ne nous séparerons plus.

« — Et la Russie?

« — Je suis français! répond avec fierté M. Arnould.

« — Mais puisqu'elle n'est plus sociétaire?

« — Ah! Buloz, avez-vous pu croire qu'elle ait voulu vous quitter, vous, ses amis, son théâtre, ses rôles? Ce n'est qu'une affaire de cœur qui l'a entraînée;

oui, mon cher Buloz, une affaire de cœur.
Vous comprenez ces choses-là, vous ! Mais
quand elle a su que vous doutiez d'elle,
alors il n'y a plus eu d'hésitation, je vous
le jure. Elle m'a dit : Partez! Allez les prévenir que je reviens.

« — Vraiment, elle a dit cela ?

« — Oui, Buloz. Je veux vous donner
une preuve de notre sincérité, mon cher,
une preuve convaincante. Dès aujourd'hui
je prends l'engagement d'honneur de com-
poser pour vous tous les ans une pièce
en cinq actes ; et elle, Buloz, elle !... Te-
nez, accordez-lui seulement quatre mois
de congé par an ; voilà tout ce qu'on
exige.

« — Dame! fit le commissaire royal attendri, je consulterai le comité.

« Sur ce, M. Arnould-Plessy s'en alla comme il était venu.

« On jouait toujours la tragédie, et les deux vieillards du foyer continuaient de rêver de *Léonidas*. Une seule ouvreuse s'éveilla au passage de M. Arnould, et lui dit en sortant :

« — Monsieur, votre petit banc?

« — Madame, ils ont été publiés ! répondit majestueusement l'écrivain. »

Or, voici les circonstances qui avaient amené cette offre de conciliation, dont parle le critique folâtre que nous venons de citer.

Samson avait été expédié comme ambassadeur auprès de la fugitive.

Sa démarche ne réussit point.

Alors Régnier prit la plume et écrivit à Mademoiselle Plessy une lettre amicale et sympathique. En voici les principaux passages :

« Rueil, 29 juillet 1845.

« Ma chère amie,

« Vous êtes sans doute au courant, soit par Samson, soit par votre frère, de tout ce qui s'est passé ici relativement à votre

4

départ. J'ai regretté que vous n'eussiez pas informé le comité de la résolution que vous aviez prise. Cette démarche aurait enlevé à votre détermination tout caractère clandestin et n'aurait pas fait ressembler votre départ à une fuite.

« Je comprends parfaitement les motifs qui justifient ce départ; je m'en suis exprimé hautement devant ceux qui ne voyaient dans ce que vous aviez fait que des sentiments intéressés, et qui voulaient que vous n'eussiez abandonné une position brillante au Théâtre-Français qu'en vue d'un chiffre d'appointements supérieur au théâtre de Saint-Pétersbourg. Je pense qu'il serait sage à vous d'expliquer à notre comité l'état douloureux dans lequel vous vous trouviez, la nécessité absolue où vous

étiez de vous absenter, le chagrin que vous
en ressentiez et le sacrifice même que vous
êtes prête à faire de vos plus intimes sentiments, en revenant, malgré le froissement que vous en éprouvez, reprendre une
place que vous ne quittez qu'à regret, et
dont là perte était si dommageable à vos
intérêts particuliers.

« Fixez le temps de votre retour.

« Que votre lettre soit bonne, affec-
tueuse, et soyez sûre que les choses s'ar-
rangeront mieux que vous ne pensez.

« Votre affectionné et sincère ami

« RÉGNIER. »

Obéissant à ce sage conseil, madame

Arnould-Plessy envoya au comité la lettre suivante :

« Mes camarades,

J'ai dû vous paraître coupable, et je comprends toute l'irritation dont vous avez été saisis à la nouvelle de mon départ.

« Vous deviez être avertis les premiers: par malheur, j'ai chargé du soin de vous prévenir une personne qui, par sa double qualité d'ami et d'homme habitué aux affaires, aurait pu servir d'intermédiaire entre vous et moi, et dont les démarches immédiates auraient ôté à mon départ, comme je l'espérais, un caractère clandestin, en expliquant les motifs de ma réso-

lution, motifs qui vous inspireraient sans
aucun doute quelque sympathie et peut-
être aussi quelque estime, si vous les con-
naissiez bien :

« Je lui avais remis dans certaines limites
tout pouvoir de traiter avec vous, si vous
consentiez, malgré mon éloignement, à me
conserver ma place, dont je sens tout le
prix et dont j'ai voulu être digne.

« N'accueillez, mes amis, aucune mauvaise pensée à mon égard; ne me soup-
çonnez pas d'avoir préféré une grande fortune à des engagements dont j'ai toujours
été fière et auxquels je m'étais vouée sàns
réserve.

« A l'époque de ma majorité, on a cher-

ché, vous le savez peut-être, à m'éloigner
de vous. On m'a offert alors ce qu'on
m'offre aujourd'hui. Je n'ai pas eu un instant d'hésitation. Je me trouvais heureuse
près de vous. Bien jeune, vous m'avez
adoptée; j'espère que vous ne vous en êtes
jamais repentis.

« Je ne l'oublie pas, et, quoi qu'il arrive,
je m'en souviendrai toujours avec recon-
naissance.

« Mais la vie, si heureuse qu'elle soit au
théâtre, n'est pas toute au théâtre, et sur les
sentiments intimes il y a peu de raisonne-
ments à faire. Quand ils sont en lutte avec
les intérêts, quand ils sont assez forts pour
tout emporter, il faut que l'indulgence
vienne au cœur de ceux qui nous jugent, il

faut qu'ils sentent ce qui ne peut s'expliquer.

« Je suis prête aujourd'hui, comme dans le premier moment qui a suivi mon départ, à racheter par tous les sacrifices qui me sont possibles la place que j'occupais parmi vous. Aucune fortune, aucun avantage ne m'empêcheront de venir la reprendre, si, après ce que je vais vous dire, vous consentez à me la conserver.

« Si vous refusez, je n'hésiterais pas, je renoncerais à la France ; je perdrais l'espoir de revoir ma famille et mes amis.

« J'ai maintenant huit années à faire pour avoir droit à la pension. Je vous demande la faculté de ne rentrer au théâtre, de n'y reprendre ma place que dans deux ans, à compter du premier septembre prochain; et, si vous y consentez, je vous donnerai, au lieu de *huit* années, *onze* années de service, après lesquelles j'aurai droit à la pension, c'est-à-dire à cinq mille francs de rente seulement. C'est l'indemnité que je vous offre pour le tort que peut vous causer mon absence momentanée.

« Recevez, mes chers camarades, et toujours mes amis, j'espère, l'expression bien sincère de mes sentiments affectueux et de ma parfaite estime.

« SYLVANIE PLESSY. »

On voit que, malgré son désespoir, l'illustre comédienne arrangeait encore assez habilement ses petits intérêts.

Elle voulait ménager tout à la fois Guédéonoff et Buloz, prendre les roubles de Russie et ne pas abandonner les écus de France.

Messieurs les sociétaires de la rue Richelieu sont connus pour leur sensibilité. Buloz était, en outre, personne ne l'ignore, d'une bonté d'âme à toute épreuve : cependant ni Buloz ni le comité ne poussèrent la tendresse jusqu'à prendre la fugitive au pied de la lettre... qu'elle venait d'écrire.

— Pauvre mignonne! s'écria mademoiselle Denain, voyez donc! Elle ne demande qu'à garder sa place de sociétaire, et sans doute aussi les appointements. Dame! elle songe à sa petite famille.

— Bah! dit Beauvalet, ses enfants seront Russes!

Toute la morale de l'histoire, ajouta Provost, c'est qu'à l'avenir on dira :

> Plessy pleure, Plessy crie,
> Plessy veut qu'on la marie!

—.Ma foi, s'écria Augustine Brohan, je ne croirai à son mariage que lorsque je la verrai plaider en séparation!

— Je propose, dit un autre, de la surnommer Plessy-les-Tours, à cause de ceux qu'elle nous a joués.

— Adopté! firent tous les sociétaires en chœur.

On repoussa par un vote unanime les propositions de madame Arnould, et celle-ci tout aussitôt se décida aux extrêmes violences.

Elle accepta l'engagement russe,

Bressant, muni des pleins pouvoirs de notre comédienne alla le signer à Londres.

Cet artiste savait pourtant par expérience combien la justice française est sévère pour les peines de cœur, lorsqu'elles font rompre les engagements et entraînent les jeunes premiers en Russie.

Il paraît que les rives de la Néva son
fertiles en consolations, et que là, mieux
que partout ailleurs, on guérit du mal
d'amour.

L'entremise de Bressant dans cette affaire trahit le secret de sa position véri-
table dans le pays des czars.

On s'imaginait qu'il y jouait la comédie.

Point.

Il tenait tout simplement le rôle de
jeune premier dans la diplomatie moscovite: avec le grade de colonel bien en-
tendu, puisqu'en Russie toutes les fonc-
tions ont leurs épaulettes.

Donc, la Comédie-Française assigna madame Arnould devant la justice.

On demandait à la sociétaire parjure *deux cent mille francs* de dommages-intérêts et *vingt mille francs* à titre de provision.

Ceci devenait grave.

L'avoué de la fugitive posa des conditions exceptionnelles, sommant au nom de sa cliente messieurs du comité de fournir les pièces dont ils entendaient user contre elle, notamment son engagement et les statuts de la Comédie-Française.

Mais le tribunal repoussa cette prétention.

Séance tenante, il rendit un jugement par lequel il condamna mademoiselle Plessy à payer *six mille francs* à titre de provision, remettant à statuer après vacation sur la demande principale des *deux cent mille francs* de dommages-intérêts.

Ce jugement était un chef-d'œuvre d'habileté.

Les magistrats voulurent laisser le champ libre à la conciliation. Notre comédienne avait la porte toute grande ouverte pour le retour.

On l'ajournait à trois mois : elle ne pouvait pas se plaindre d'un excès de rigueur.

Mais elle se montra sourde au conseil

qui lui était indirectement donné par les juges et ne voulut pas quitter l'empire hyperboréen.

La Comédie-Française fit pratiquer aussitôt des saisies sur le logement de ville de l'actrice et sur sa maison des champs.

Quant à l'affaire principale, on crut convenable de la remettre douze ou quinze fois, afin de laisser à la coupable le temps de la réflexion et du repentir.

Le 17 août de l'année suivante, la cause eut seulement une solution.

Cette histoire, déjà fort ancienne et presque oubliée, émut beaucoup le monde artistique à l'époque où la *Gazette des Tri-bunaux* en publiait les détails.

Elle prit surtout un intérêt extraordi-naire en passant par la bouche de l'avocat Marie, et les chroniqueurs eurent une page piquante de plus à ajouter au volume déjà fort enflé des scandales administratifs du règne de Louis-Philippe.

On avait cru jusqu'alors messieurs les sociétaires beaucoup plus maîtres au logis qu'ils ne le sont en réalité.

Admissions, réceptions, chiffres des ap-pointements, tout cela les regarde infini-ment moins qu'on se l'imagine.

Parlons net, cela ne les regarde en au-cune sorte.

De curieuses révélations sortirent de ce procès. On sut que mademoiselle Plessy, engagée aux appointements de *cinq mille francs*, en 1836, sans compter les feux, avait vu tout à coup tripler ses honoraires.

Chaque jour les arrêtés ministériels se succédaient en sa faveur.

Elle devint pensionnaire *par ordre* ; elle prit des congés, elle alla donner en province représentations, sur représentations ; elle passa le détroit pour aller recueillir les bravos et les guinées d'Angleterre, toujours *par ordre*.

Si la Comédie réclamait contre ces promenades trop fréquentes ou infiniment trop prolongées ; si elle arguait des statuts,

si elle invoquait le règlement, M. Duchâtel
s'empressait d'écrire au commissaire royal
de petites notes dans le genre de celle-ci :

« Il faut autoriser le caissier du théâtre
à ne point opérer de retenue pour le congé
que j'accorde à mademoiselle Plessy. »

Et Buloz, l'obéissance même, transmet-
tait au caissier l'ordre du ministre.

L'autorité se faisait prodigue et galante
pour la belle comédienne ; l'autorité eut
pour Célimène les yeux et la faiblesse d'Al-
ceste... jusqu'au moment de la brouille,
c'est-à-dire jusqu'au départ pour la Russie.

Subventions, gratifications, indemnités

de costume; on accordait tout, sauf, à ce
qu'il paraît, la permission de se marier.

Maître Marie, avec cette liberté de lan-
gage inqualifiable qui est le privilége ex-
clusif du barreau français, raconta que la
Comédie avait gratifié la célèbre actrice
d'un poste d'ouvreuse, et que mademoiselle
Plessy l'avait vendu *deux mille francs.*

Il crut devoir insinuer, en outre, qu'elle
tirait plus de *quatre mille francs* par an de
ses billets de service, et pour ceci l'avocat
avait dû nécessairement être induit en er-
reur, car à aucune époque les sociétaires
n'ont pu vendre les billets dont ils n'usent
pas.

On compreod ce qu'il y aurait d'indéli-catesse dans un pareil acte.

Ce serait frustrer le théâtre, le droit des auteurs et le droit des pauvres.

La Comédie-Française insista pour qu'on fît un exemple, capable d'inspirer un effroi salutaire à toutes les Danaé que l'or du Jupiter russe voudrait lui ravir de nouveau, et le tribunal condamna la dame Arnould à *cent mille francs* de dommages-intérêts.

De plus, le comité la déclara déchue de ses droits de sociétaire, confisqua ses fonds sociaux, qui s'élevaient à la somme de *quatre mille quatre cent trente francs*, et vendit la maison de plaisance de Saint-Chéron.

Mademoiselle Plessy pouvait se consoler de ces rigueurs.

Le théâtre de Saint-Pétersbourg lui donnait trente-six mille roubles d'honoraires, et ce chiffre fut ensuite porté à quarante-cinq mille.

On sait que le rouble vaut un franc dix centimes.

N'oublions pas de mentionner que l'actrice, en dehors de ses appointements, avait droit à un cadeau impérial. Ce cadeau, l'usage permet de le troquer contre espèces. Ainsi, vous recevez, par exemple, un diamant du Czar, vous êtes libre d'en demander la valeur en roubles.

Le cadeau annuel de mademoiselle Plessy

valait environ huit mille roubles, c'est-à-
dire près de neuf mille francs.

Ce n'est pas tout.

Plus gâtée chez les Russes qu'elle ne
l'avait été en France, elle recevait cinquante
roubles par acte dans chacune des pièces
où elle jouait un rôle.

Son engagement lui réservait une représentation à bénéfice, ordinairement très-
fructueuse à Saint-Pétersbourg.

Enfin, une dernière clause lui accordait
un congé de deux mois pour aller à Londres, congé dont le rachat s'élevait à plusieurs milliers d'écus.

Bref, le budget théâtral de la fugitive
s'élevait à plus de cent mille francs.

M. Arnould, mari de notre comédienne, avait peu d'extérieur ; mais il se distinguait par des qualités aimables.

Les lettres et la fabrication du vaudeville de troisième ordre l'avaient laissé pauvre jusqu'à sa quarantième année, à la fin de laquelle il devint l'époux de Célimène.

Pour lui ce fut une chance aussi heureuse qu'inattendue.

Mais son étoile fila, juste au moment où elle devenait brillante.

Le pauvre homme s'était expatrié dix ans pour faire sa fortune. Cette fortune, il l'avait entre les mains, et le ciel ne l'en laissa pas jouir. M. Arnould mourut d'une attaque de choléra, la veille même du jour fixé pour son retour en France.

Revenons à son illustre moitié.

Madame Arnould conclut, de Saint-Pétersbourg même, un armistice avec la Comédie-Française. Samson fut la colombe messagère qui apporta dans son bec le rameau d'olivier pour annoncer la fin des rancunes.

Notre comédienne avait tout perdu, procès, dépens et dommages. Paya-t-elle tout?

Cela ne nous regarde pas.

De quel droit, s'il vous plaît, viendrions-nous fourrer un nez curieux dans les arrangements administratifs?

Pendant une courte apparition qu'elle fit à Paris, en 1853, madame Arnould-Plessy obtint de se charger du rôle d'Araminte dans les *Fausses confidences*, pour la représentation de retraite de Samson.

Enfin, le 17 septembre 1855, elle fit sa rentrée à la Comédie-Française, en qualité de pensionnaire, avec un traitement exceptionnel et un engagement de sept à huit années.

Voici l'article critique imprimé sur ses deux premiers débuts par l'aristarque B. Jouvin.

Nous n'y changeons pas une phrase, attendu qu'il exprime toute notre pensée.

« Ce rôle d'Elmire dit-il, qu'elle a choisi
sans consulter ses forces, lui convenait à
elle moins qu'à personne, — et depuis
longues années il ne convient plus à personne.

« Mademoiselle Plessy fut visiblement
décontenancée tout le long d'un rôle que
la nature de son talent n'est faite ni pour
aimer ni pour comprendre. Afin d'esqui-
ver la difficulté du jeu muet, elle s'est
montrée distraite dans la scène de la déclaration de Tartuffe, et elle a cherché des
effets pour la scène de la table dans les
mignardises du débit et dans les caresses
du regard.

« La diction de l'actrice a du mordant,
mais aux dépens du timbre de la voix, qui

semble d'une sonorité fêlée dans le mé-
dium.

« Peu à peu, à la vérité, on s'accoutume
à cet éclat de cuivre cassé. Viennent les
miévreries d'un proverbe, madame Plessy
en adoucira les sons aigres en un fausset
pointu qui n'est pas absolument sans
charme.

« L'actrice n'a qu'un geste unique, un
geste entièrement dépourvu de grâce et
d'abandon, et qui consiste à serrer le coude
en plaçant l'avant-bras en dehors.

« Après avoir été chaleureusement ac-
cueillie à son entrée en scène, madame
Plessy joua au milieu d'un silence glacial,
et le rideau tomba sur le *Tartuffe* sans

que la voix d'un ami osât prendre l'initiative d'un de ces rappels-banals compris dans le programme obligé des soirées officielles.

« A la stupéfaction de ses admirateurs d'autrefois, elle n'obtint pas même, à cette réapparition, un succès de jolie femme.

« Elmire semblait n'avoir ni beauté ni jeunesse, ni élégance.

« Mais l'actrice prit sa revanche dans un petit proverbe prétentieux de M. Marc-Monnier, *la Ligne droite*. Elle y fut fort applaudie, ainsi que sa jupe couleur de feu.

« Elle choisit pour son second début le

rôle d'Araminte des *Fausses confidences* et
y reçut un accueil fort sympathique du
public.

« Ce fut toujours là même diction chan-
tée, prenant un *temps*, avec affectation,
quand la note à effet a suffisamment caressé
l'oreille du spectateur ; toujours la même
voix pointue, s'échappant d'une bouche
minaudière.

« Par instant cette bouche mignonne
a si peur de paraître grande, qu'elle se
mange elle-même aux extrémités.

« Un tic gâte à plaisir ce masque où
s'exagère la spirituelle mobilité de la phy-
sionomie. Il consiste, lorsque l'actrice joue
l'émotion, à écarquiller les yeux, la bouche

et les narines, comme si tout cela était mis en jeu par trois ficelles tirées simultanément.

« Dans un rôle où il lui reste bien des horizons à découvrir, madame Plessy triompha par la grâce, et dans les deux scènes de la déclaration par un vif élan de sensibilité. »

La comédienne reprit ensuite le rôle de mademoiselle Rachel dans *Lady Tartuffe*.

Ce nouvel essai eut pour résultat de mettre en relief les qualités de l'actrice qui avait eu la première le mérite de cette création.

Madame Arnould-Plessy est évidemment en pleine décadence.

Elle a transporté à Saint-Pétersbourg un talent qui n'était pas mûr, et qui s'est atrophié sous le ciel froid du Nord. Il est trop tard pour rendre à ce talent un peu de sève et un peu de verdeur.

Si elle s'obstine à conserver son agaçante diction, qui, pour emprunter le mot piquant d'un poëte polonais, ressemble à du *français russe*, elle finira par soulever, au terme de sa carrière, autant d'antipathies qu'elle a provoqué d'ovations à ses débuts[1].

1. En général elle se borne à quelques pièces de Marivaux, à *Tartuffe* et à *Louise de Lignerolles*, cette plate rapsodie encombrée de sentiments faux et qui devrait depuis longtemps être reléguée au boulevard. — « Tu as eu tort de ne pas entrer à mon

Notre héroïne est à la fois très-riche et très-économe.

C'est elle qui a réformé le train dispendieux que menaient en Russie nos artistes, habitués à recevoir chez eux les nobles cosaques, leurs admirateurs. Elle apporta la première à Saint-Pétersbourg ces habitudes d'ordre et de simplicité qui dérivent de nos mœurs bourgeoises, et qui sont parfaitement recommandables quand elles ne dégénèrent point en mesquinerie.

théâtre, dit un jour méchamment à madame Arnould mademoiselle Cécile Azimon, du Palais-Royal; tu y aurais eu peut-être plus de succès ! » Mademoiselle Cécile Azimon a trois grands mérites : elle est une des plus fortes actionnaires de M. Dormeuil; elle possède à Ville-d'Avray une maison de campagne délicieuse; enfin elle est la cousine germaine de madame Arnould-Plessy.

On nous assure que Madame Arnould manque d'aménité de caractère.

Elle recueille à la Comédie-Française peu de témoignages sympathiques. Est-ce la faute de ses camarades, est-ce la sienne? voilà de ces questions qu'on ne résout pas sans peine.

A d'autres que nous le soin d'y répondre.

Si Madame Arnould n'excite pas rue Richelieu de vives affections, en revanche elle se flatte d'avoir dans Madame George Sand une amie très-chaleureuse, et le château de Nohant a eu, cet été même, la joie de les réunir.

6

S'il vous est possible de
me donner un billet et
une loge de rez de chaussée,
Cela me fera grand plaisir
Croyez à toutes mes considérations

ÉPILOGUE.

Nous voici au but, chers lecteurs. Je vous ai promis cent volumes et j'ai tenu parole.

En terminant cette galerie biographique, je déclare, pour rester dans

l'honnête et dans le juste, que je dois
à M. William Duckett [1], à partir de
mon cinquantième volume, une col-
laboration très-intelligente et très-
soutenue. Il s'est assis à ma droite
sur le banc studieux des bibliothè-
ques, afin de compulser les collec-
tions de journaux les plus oubliées
et les plus lointaines. Il m'a puissam-
ment aidé, sinon pour le travail de
style, du moins pour celui des re-
cherches et pour le judicieux contrôle

1. Henri Page.

qu'il a exercé sur les matériaux re-
cueillis.

Personne autre que M. Duckett (je
le dis sans répondre autrement à une
brochure honteuse qui a déshonoré
son auteur) ne peut revendiquer une
part dans ma tâche.

Cette longue excursion littéraire au
milieu de l'histoire contemporaine ne
s'est pas accomplie sans péril et sans
fatigue. J'ai rencontré sur ma route
bien des obstacles, j'ai lutté contre

bien des traverses. La vengeance et la haine se sont attachées à mes pas. Elles ont cru m'arrêter en me jetant aux jambes la calomnie, la trahison, les procès.

Mais tout ce luxe de persécution déployé par mes ennemis n'a fait que me décider à maintenir mon droit imprescriptible d'écrivain.

Dans un siècle de parjure politique et d'ambition sans vergogne, il a bien fallu que les plumes courageuses pro-

testassent d'une manière ou d'une autre. Je puis dire ici, la main sur la
conscience, en achevant cette longue
série de volumes, que la vérité seule
en a dicté toutes les pages, réglé tous
les documents, et que je n'ai pas à me
reprocher une ligne inspirée par la
mauvaise foi, par la rancune ou par la
passion.

J'ai peint les hommes comme je
les ai vus ; j'ai tâché d'appliquer le
daguerréotype à l'histoire vivante.

Si j'ai réussi, l'avenir le prouvera,

car je n'ai jamais compté sur le présent pour me rendre pleine et entière justice. Tout ce que je puis dire avec Montaigne, c'est que mon œuvre a été une œuvre de bonne foi.

Rien n'était plus simple que d'échapper aux persécutions sans nombre dont j'ai été victime : il suffisait de m'abriter sous un drapeau.

De nos jours, tous les hommes de lutte ont eu soin d'agir de la sorte.

En se plaçant derrière une coterie

politique, on s'épargne les coups, on trouve de puissants protecteurs ; mais, en revanche, il faut être l'esclave de cette coterie et brûler sous les narines de chacun de ses membres les plus purs parfums de l'éloge.

Ainsi l'exige la réligion des partis, fausse religion s'il en fût.

Tous les hommes un peu marquants d'une même nuance sont réputés grands hommes. S'il y a des accrocs au manteau de leur honneur, on vous ordonne expressément de bou-

cher les trous. C'est la loi et les pro-
phètes. Tant pis pour la vérité et tant
pis pour l'histoire !

J'ai refusé de me soumettre à ces
conditions dictées par l'hypocrisie et
par l'égoïsme.

L'indépendance m'a coûté cher,
mais du moins je l'ai conservée jusqu'à la fin. Quand sous l'étendard
ami se sont rencontrées la fourbe et
l'impudence, je leur ai sans gêne
arraché le masque, et, quand j'ai vu

l'honnèteté sous les bannières enne-
mies, je l'ai saluée très-haut et sans
peur.

EUGÈNE DE MIRECOURT.

FIN.

Paris.—Typographie de Gaittet et Cie, r. Git-le-Cœur, 7.

EN VENTE :

Chez GUSTAVE HAVARD, Éditeur,

15, rue Guénégaud, 15.

LA DEUXIÈME ÉDITION DE

LES BALS PUBLICS

A PARIS,

ÉTUDE PARISIENNE

PAR VICTOR ROZIER.

UN FORT VOLUME IN-32.

Prix : 1 franc.

TABLE SOMMAIRE.

—

LIVRE SECOND.

État moral.

CHAPITRE IV. — ORIGINE DES FEMMES DE BAL.

XI. LA JEUNE FILLE DE PARIS.

Paris. — Typographie de Gaittet et Cie, rue Git-le-Cœur, 7.

www.ingramcontent.com/pod-product-compliance
Lightning Source LLC
La Vergne TN
LVHW050647090426
835512LV00007B/1068